Enrique Bambozzi
Gloria Vadori

Competencias genéricas

Enrique Bambozzi
Gloria Vadori

Competencias genéricas

La Escuela Media más allá de las disciplinas

PUBLICACIONES UNIVERSITARIAS ARGENTINAS

Impresión

Informacion bibliografica publicada por Deutsche Nationalbibliothek: La Deutsche Nationalbibliothek enumera esa publicacion en Deutsche Nationalbibliografie; datos bibliograficos detallados estan disponibles en Internet en http://dnb.d-nb.de.

Los demás nombres de marcas y nombres de productos mencionados en este libro están sujetos a la marca registrada o la protección de patentes y son marcas comerciales o marcas comerciales registradas de sus respectivos propietarios. El uso de nombres de marcas, nombres de productos, nombres comunes, nombres comerciales, descripciones de productos, etc incluso sin una marca particular en estos publicaciones, de ninguna manera debe interpretarse en el sentido de que estos nombres pueden ser considerados ilimitados en materia de marcas y legislación de protección de marcas, y por lo tanto ser utilizados por cualquier persona.

Imagen de portada: www.ingimage.com

Editor: PUBLICACIONES UNIVERSITARIAS ARGENTINAS es una marca comercial de
Südwestdeutscher Verlag für Hochschulschriften GmbH & Co. KG
Heinrich-Böcking-Str. 6-8, 66121 Saarbrücken, Alemania
Teléfono +49 681 3720-271-1, Fax +49 681 3720-271-0
Correo Electronico: info@svh-verlag.de

Publicado en Alemania
Schaltungsdienst Lange o.H.G., Berlin, Books on Demand GmbH, Norderstedt,
Reha GmbH, Saarbrücken, Amazon Distribution GmbH, Leipzig
ISBN: 978-3-8454-6023-9

Imprint (only for USA, GB)
Bibliographic information published by the Deutsche Nationalbibliothek: The Deutsche Nationalbibliothek lists this publication in the Deutsche Nationalbibliografie; detailed bibliographic data are available in the Internet at http://dnb.d-nb.de.

Any brand names and product names mentioned in this book are subject to trademark, brand or patent protection and are trademarks or registered trademarks of their respective holders. The use of brand names, product names, common names, trade names, product descriptions etc. even without a particular marking in this works is in no way to be construed to mean that such names may be regarded as unrestricted in respect of trademark and brand protection legislation and could thus be used by anyone.

Cover image: www.ingimage.com

Publisher: PUBLICACIONES UNIVERSITARIAS ARGENTINAS
is an imprint of the publishing house
Südwestdeutscher Verlag für Hochschulschriften GmbH & Co. KG
Heinrich-Böcking-Str. 6-8, 66121 Saarbrücken, Germany
Phone +49 681 3720-271-1, Fax +49 681 3720-271-0
Email: info@svh-verlag.de

Printed in the U.S.A.
Printed in the U.K. by (see last page)
ISBN: 978-3-8454-6023-9

Copyright © 2011 by the author and Südwestdeutscher Verlag für Hochschulschriften GmbH & Co. KG and licensors
All rights reserved. Saarbrücken 2011

COMPETENCIAS GENÉRICAS

Escuelas Medias más allá de las disciplinas

Bambozzi, Enrique - Vadori, Gloria

COMPETENCIAS GENÉRICAS

Escuelas Medias más allá de las disciplinas

ÍNDICE

Algunas palabras introductorias	11
Acerca de cómo pensamos la estructura del libro	15
Primera Parte	17
Democratización del conocimiento y trabajo por competencias en el ámbito de la Educación Superior Universitaria. Algunas experiencias de investigación.	19
Competencias genéricas en las culturas institucionales de las Escuelas Medias de Villa María (Córdoba) y su potencial significación para la Educación Superior Universitaria.	25
Segunda Parte	33
Competencias genéricas y las voces de los directivos	35
Conclusiones	43
Bibliografía General	45

Algunas palabras introductorias

Contribuir a la consolidación de políticas públicas de inclusión y mejorar las prácticas de democratización del conocimiento han sido las coordenadas que configuraron el territorio desde el que se pensó y desarrolló el trabajo que ponemos a disposición.

Somos conscientes de que más allá de las limitaciones que tienen las investigaciones educativas en general y ésta que presentamos en particular, sus resultados –siempre provisorios y discutibles– pueden colaborar de manera decisiva, no sólo en la comprensión, sino, especialmente, en la materialización de acciones y estrategias tendientes a sortear la actual crisis –entendida como desafío y oportunidad– que atraviesa el Sistema Educativo.

Este trabajo es parte de una línea de investigación que venimos trabajando con colegas de la carrera de Licenciatura en Ciencias de la Educación de la Universidad Nacional de Villa María (Córdoba), y que se denominó "Competencias Genéricas en las Culturas Institucionales de las Escuelas Medias de Villa María (Córdoba): su potencial significación para la Educación Superior Universitaria (Convocatoria de la Secretaría de Investigación 2008-2009)".

La decisión de trabajar con la categoría *competencia* obedece a la intención de significarla desde un posicionamiento crítico que reconoce su potencialidad para pensar en la construcción de nuevos territorios de inclusión. Así, definir competencia como desempeño de un graduado de un sistema, y no tanto de una unidad educativa en particular, nos permitió inscribir una perspectiva de análisis macro posibilitadora de vinculaciones con políticas públicas.

En este sentido, a la hora de problematizar lo que aprenden los alumnos en una institución educativa de Nivel Medio y cómo estos aprendizajes (competencias) inciden en el tránsito de los graduados hacia escenarios educativos de Nivel Superior, nos encontramos con que los propios directivos, sin desconocer la sustantividad de los campos disciplinares (competencias específicas), dan cuenta de otros tipos de aprendizajes que, como equipo, hemos denominado como la competencia de problematizar la realidad o "el rayado de cancha"; la competencia de traducir interés o representatividad; la competencia comunicativa, entre otras.

Es altamente ilustrativo observar cómo en la voz de los directivos, nos encontramos con relatos de diálogos con sus graduados quiénes, tras haber obtenido muy buenos promedios vinculados con las competencias específicas, y luego de haber despejado cuestiones vocacionales, habían desertado del ámbito de la Educación Superior aduciendo, entre otras cuestiones, el no poder trabajar en contextos de masividad (*"no me hallé, me sentí perdido, no me pude ubicar"*). Estos relatos nos aseguran que el camino que estamos transitando puede abrir otras perspectivas de trabajo para pensar en nuevas y mejores inclusiones en el marco de una mejor democratización de los saberes, y así plasmar nuestro compromiso político–pedagógico como docentes–investigadores de una universidad pública de gestión estatal.

Un agradecimiento especial al Dr. Eduardo Marzolla, investigador miembro del equipo, y a las becarias Ariana Casarotto y Serene Aríngoli por sus permanentes aportes.

Un agradecimiento especial a la Magíster María Isabel Calneggia, con quien fueron discutidas algunas de estas ideas en el marco de investigaciones en la ciudad de Córdoba.

Deseamos agradecer a todos los equipos directivos de Escuelas de Nivel Medio que compartieron tiempo y trabajo en las Jornadas de Extensión.

Nuestro agradecimiento a las autoridades de la Universidad Nacional de Villa María, del Instituto Académico Pedagógico de Ciencias Humanas y del Centro Universitario Antonio Sobral.

La investigación, como toda práctica social, no es una práctica solitaria sino colectiva: nuestro agradecimiento a todos aquellos que de una u otra manera colaboran –en lo cotidiano– para que nuestra práctica sea posible.

En el mundo de la vida, un agradecimiento especial a nuestras familias.

Este trabajo se hace público en un escenario nacional en el que están siendo discutidas nuevas propuestas de leyes de Educación Media y de Educación Superior. Esperamos contribuir con este proceso desde la investigación educativa generada en la Universidad Nacional de Villa María que, haciendo eco de las palabras de sus autoridades, "*salió al encuentro de los actores del sistema educativo*".

Acerca de cómo pensamos la estructura del libro

En una primera parte incluimos dos artículos que dan cuenta de los objetivos de la investigación con distintos grados de avance; en la segunda parte, un análisis de corte cualitativo a partir de la voz y escritura de los directivos, voces y palabras volcadas en entrevistas y en jornadas de extensión.

Al final de la segunda parte, una breve conclusión recuperando los elementos sustantivos trabajados en este proceso con una lista sintética de bibliografía sobre el tema.

Primera Parte

Democratización del conocimiento y trabajo por competencias en el ámbito de la Educación Superior Universitaria. Algunas experiencias de investigación[1]

Este texto, con algunas modificaciones, fue presentado en el "XX Encuentro del Estado de la Investigación Educativa: Ciencias Sociales y Educación: transferencia, vinculaciones y prácticas. Centro de Investigaciones de la Facultad de Educación (CIFE) de la Universidad Católica de Córdoba. Octubre de 2009".

Introducción

Acerca del concepto de *competencia* en el ámbito de la Educación Superior

Como toda categoría de análisis, ésta es el resultado de una construcción que intenta, de manera provisoria y nunca acabada, comprender un fenómeno de la realidad en el contexto de una trama relacional, también construida y provisoria.

En nuestro trabajo asumimos la construcción de la categoría *competencia* desde una perspectiva pedagógica y crítica, estrechamente vinculada a las políticas de inclusión y a la democratización de conocimientos.

Sostener una categoría desde una perspectiva pedagógica y crítica significa, a nuestro entender, que lo que se construye asume la dimensión conflictiva y desigual de la problemática social e intenta, desde esa

---

[1] Este escrito también ha sido discutido con la magíster María Isabel Calneggia de la Universidad Católica de Córdoba, con quien el Dr. Bambozzi dirige un proyecto sobre esta problemática, y algunas de sus ideas fueron expuestas en Bambozzi, E.; Calneggia, M. y otros, "Educación Superior Universitaria, Escuela Media y Trabajo por competencias: aportes desde la investigación educativa", en Vitarelli, M y Tessio, A (comp.), *Juventud y Educación. Aportes de la investigación y perspectivas de acción*, Capítulo 5, EDUCC, Córdoba, 2009, pp. 133-146. El trabajo realizado por la Prof. Estela Zalba de la Universidad Nacional de Cuyo (Mendoza, Argentina) ha sido para nosotros una investigación básica y referencial.

realidad, generar espacios o territorios en los que el poder y el saber se distribuyan en un intento formativo de generar más espacios de justicia y equidad.

En este sentido, aparece la categoría *competencia* que, lejos de significarse desde un marco funcionalista–instrumental, es pensada como posibilidad y construcción de espacios de justicia social, al permitir que la voz de actores (docentes, alumnos, directivos) sea escuchada y considerada.

En el debate actual, y a modo de síntesis, la categoría *competencia* es pensada de la siguiente manera: los autores acuerdan en establecer la existencia de competencias genéricas (también llamadas básicas) y competencias específicas.

Las competencias genéricas o básicas son aquellas que se entienden como necesarias para cualquier ámbito de estudio y, generalmente, están vinculadas a la resolución de problemas, comprensión y producción de textos, estrategias de aprendizaje, etc.

Las competencias específicas, por su lado, están estrechamente vinculadas con los campos disciplinares (contenidos específicos).

En este sentido, la definición de competencias impacta no sólo en la configuración de un plan de estudios, sino también en las modalidades y métodos de enseñanza, en las formas de evaluación, en la concepción de trabajo académico y, fundamentalmente, en la correspondencia, complementariedad y corresponsabilidad que tienen los distintos actores y espacios de un plan de estudios en la consecución de competencias.

Si bien en nuestro país la modalidad de trabajo de currículo por competencias es incipiente, la experiencia más cercana es aquella correspondiente a las carreras que están siendo evaluadas por la Comisión de Evaluación y Acreditación Universitaria (CONEAU). Estas carreras, de manera provisoria, han acordado competencias y estándares mínimos de calidad en los que encontramos, entre ellos, disposiciones relativas al contexto institucional en el que se desarrolla la carrera, el plan de estudios, etc.

En algunos casos también encontramos esta clasificación para el ámbito laboral, es decir, la existencia de competencias genéricas propias para cualquier ámbito laboral y luego, competencias específicas vinculadas a un mayor nivel de especificidad por tarea.

Más allá de las discusiones y diferencias, todas las clasificaciones dan cuenta que no sólo es necesario saber (conocimientos), saber ser (actitudes, valores) y saber hacer (procedimientos, habilidades), sino que una competencia es cuando un sujeto moviliza todos estos saberes en la resolución de tareas específicas en contextos específicos.

Es decir que la competencia no está dada por la posesión de determinado tipo de saber, sino por la puesta en acto de ese conocimiento en la resolución de tareas contextualizadas. Así, por ejemplo, un sujeto puede haber aprendido la gramática de una segunda lengua, pero, llegado el caso de tener que hablar en esa lengua en situaciones corrientes u ordinarias de la vida, el sujeto da cuenta de una gran dificultad para sortear la situación. Similares ejemplos son utilizados para el ámbito laboral.

Carlos Cullen, en su reflexión sobre las competencias científico-tecnológicas, nos introduce en algunos planteos pedagógicos de esta problemática y señala que:

> Hoy día hay una marcada tendencia a hablar en el ámbito educativo, de formación de competencias. Se observa con creciente frecuencia en las escuelas un deterioro de la educación, que se traduce fundamentalmente en la falta de competencias adecuadas, en los egresados de la institución escolar, para desempeñarse eficazmente en la vida social. Por otro lado, todos los intentos de reforma o transformación del sistema educativo buscan formular las competencias necesarias para satisfacer la demanda social de aprendizajes. Pero, ¿Qué son las competencias?(…) las competencias se definen como las complejas capacidades, integradas en diversos grados, que la escuela debe formar en los individuos, para que puedan desempeñarse como sujetos responsables en diferentes situaciones y contextos de la vida social y personal, sabiendo ver, hacer, actuar y disfrutar convenientemente, evaluando alternativas, eligiendo las estrategias adecuadas y haciéndose cargo de las decisiones tomadas[2].

En este sentido, se puede observar que la especificidad de la competencia está vinculada con un sujeto que pueda desempeñarse en contextos específicos.

---

2   Cullen, C., *Críticas a las razones de educar*, Buenos Aires, Paidós, 1997, págs. 89-90

Nuestra experiencia de investigación

En el marco de las investigaciones que estamos llevando a cabo en distintos ámbitos universitarios, como fruto de años de trabajo y de discusiones, podemos compartir algunas de las siguientes cuestiones:

El trabajo por competencias, tanto genéricas como específicas, impacta fuertemente en las políticas de admisión universitaria. En este sentido, hace un tiempo que venimos trabajando con profesionales de distintas áreas (medicina, farmacia, bioquímica, ingenierías) en el intento de definir competencias específicas para el ingreso y permanencia en la Universidad.

Consecuentemente, se realizó un trabajo exhaustivo de análisis bibliográfico de materiales correspondientes a distintos niveles educativos con la finalidad de identificar, definir y construir competencias de ingreso para cada una de las áreas de conocimiento establecidas, y desde el contexto particular de cada una de las instituciones universitarias de procedencia (gestión estatal y gestión privada). La investigación también avanzó en la consulta a informantes claves (responsables de cursos de ingreso, profesores de primer año de distintas carreras).

Más allá de los resultados provisorios de estas investigaciones, lo central es la ausencia de competencias de ingreso a la hora de pensar en los dispositivos de admisión, por no contar las carreras con definiciones sobre muchas de ellas.

En este ejemplo se evidencia cómo desde un posicionamiento pedagógico y crítico se avanza en la construcción de acuerdos y dispositivos que, socializados a las instituciones educativas de Nivel Medio, colaborarán en la planificación de las asignaturas de cara a los ingresos universitarios.

Con los equipos de directivos de Villa María que venimos trabajando la problemática de las competencias genéricas, pudimos observar –más allá de algunas diferencias– cómo las culturas institucionales, desde la voz de los directivos, generan otros desempeños que, sin estar vinculados a las competencias específicas, también gravitan a la hora de transitar hacia espacios de educación superior.

Este tipo de competencias está siendo cada vez más trabajado en las investigaciones debido a que resultados de entrevistas a alumnos "desertores" dan cuenta que en muchos casos no existía un "déficit disciplinar", sino una ausencia de otros tipos de desempeños que gravitaron, en definitiva, en la decisión de abandonar los estudios.

Algunas conclusiones

En nuestras investigaciones podemos advertir que el trabajo por competencias adquiere una relevancia particular, debido a que se vincula estrechamente con las políticas de admisión, con problematizar futuros fracasos escolares, con la posibilidad de socializar los conocimientos y con la posibilidad, entre otras, de pensar en dispositivos de formación docente.

Sin desconocer la polisemia del término y los problemas aún sin resolver, entendemos que la problemática del trabajo por competencias, desde nuestro posicionamiento pedagógico y crítico, abona elementos concretos para pensar una política pública de inclusión.

BIBLIOGRAFÍA

Bambozzi, Enrique, Vadori, Gloria, y otros, *Gestión pedagógica en la provincia de Córdoba: aportes desde la investigación educativa*, El Copista, Publicaciones del IAPCH de la Universidad Nacional de Villa María, Córdoba, 2008.

Bambozzi, Enrique; Calneggia, María Isabel y otros, "Educación Superior Universitaria, Escuela Media y Trabajo por competencias: aportes desde la investigación educativa", en Vitarelli, M y Tessio, A (comp.), *Juventud y Educación. Aportes de la investigación y perspectivas de acción*, Capítulo 5, EDUCC, Córdoba, 2009, pags. 133-146.

Calneggia, María Isabel, "Esa nueva Babel. Los giros de la teoría socioeducativa en la modernidad y los desafíos de la institución escolar ante los jóvenes del siglo XXI", en Vitarelli, M y Tessio, A (comp.), *Juventud y Educación. Aportes de la investigación y perspectivas de acción*, Capítulo 8, EDUCC, Córdoba, 2009, pags. 215-239.

Cullen, Carlos, *Crítica de la razones de educar*, Temas de la Educación, Paidós, Buenos Aires, 1997.

Tejada, José, "El trabajo por competencias en el prácticum: cómo organizarlo y cómo evaluarlo", *Revista Electónica de Investigación Educativa*, Nº 7 (2), 2005.

Vadori, Gloria, "Articulación entre el nivel medio y el nivel superior universitario: un espacio para interrogar e interrogarno"s, en Magallanes, Graciela y Melano, Silvia (comp.), *Escuela Media y Universidad*, Universidad Nacional de Villa María, publicación de la UNVM, 2001.

Vadori, Gloria, "¿Es posible enseñar lo que no se aprendió?", *Educación General Básica. Los contenidos de la Enseñanza. Aportes para el debate metodológico y el análisis institucional*, Edic. Nov. Educativas, Bs. As., 1995.

Zalba, Estela y Gutiérrez, Beatriz, *Una aproximación a la educación basada en competencias en la educación superior*, Documento de Trabajo de la Universidad Nacional de Cuyo, 2006.

Competencias genéricas en las culturas institucionales de las escuelas medias de Villa María (Córdoba) y su potencial significación para la educación superior universitaria

Este artículo fue presentado en el VI Encuentro Nacional y III Latinoamericano: *La Universidad como objeto de investigación*. Universidad Nacional de Córdoba, noviembre de 2009.

Introducción

Definir a una problemática como pedagógica significa inscribirla en un escenario simbólico de intencionalidades, es decir, significa asumir que este fenómeno incide en el mejoramiento de las condiciones de vida de los actores; he aquí su dimensión política[1].

En este sentido, podemos observar que la propia "construcción de un objeto como pedagógico" significa haber asumido un posicionamiento teórico-metodológico que es constitutivo al propio proceso de definición del objeto. En esta línea inscribimos a la problemática de las competencias. Desde las voz de los actores, la vinculación entre competencias del Nivel Medio y Universidad es percibida como focalizada hacia lo académico – disciplinar, generando alternativas que coinciden en adjudicar al nivel anterior –desde una lógica compensatoria o del déficit– la responsabilidad (culpa) al no ofrecer los contenidos mínimos y necesarios (contenidos mínimos de egreso), lo que naturalmente conlleva y exige al tramo educativo superior a "nivelar", a "compensar" lo que el tramo anterior "no ofreció"[2].

Carlos Cullen, en su reflexión sobre las competencias científico – tecnológicas, nos introduce en algunos planteos pedagógicos de esta problemática al señalar que:

---

[1] Bambozzi, E., Vadori, G., (et. al), *Gestión pedagógica en la prov. de Córdoba: aportes desde la investigación educativa*, publicaciones del IAPCH, UNVM, El copista, Córdoba, 2008.

[2] Zalba, E., y Gutierrez, B., *Una aproximación a la educación basada en competencias en la Educación Superior*, documento de trabajo de la Uni. Nac. de Cuyo, 2006.

Hoy día hay una marcada tendencia a hablar en el ámbito educativo, de formación de competencias. Se observa con creciente frecuencia en las escuelas un deterioro de la educación, que se traduce fundamentalmente en la falta de competencias adecuadas, en los egresados de la institución escolar, para desempeñarse eficazmente en la vida social. Por otro lado, todos los intentos de reforma o transformación del sistema educativo buscan formular las competencias necesarias para satisfacer la demanda social de aprendizajes.

Pero, ¿Qué son las competencias?

(…) las competencias se definen como las complejas capacidades, integradas en diversos grados, que la escuela debe formar en los individuos, para que puedan desempeñarse como sujetos responsables en diferentes situaciones y contextos de la vida social y personal, sabiendo ver, hacer, actuar y disfrutar convenientemente, evaluando alternativas, eligiendo las estrategias adecuadas y haciéndose cargo de las decisiones tomadas[3].

Nuestra investigación focaliza el decir y sentir de los actores-directivos de instituciones públicas de gestión estatal y privada de la ciudad de Villa María, Villa Nueva y localidades cercanas.

La metodología

En primera instancia se realizó un *focus group* (entrevista foco), al cual asistieron ocho equipos directivos. En esta ocasión se explicaron los objetivos de la investigación y se dialogó en torno a dos ejes:

- Competencias institucionales.
- Vinculación con la Universidad.

Esta técnica nos brindó una muy pertinente información que nos permitió formular con mayor precisión el problema de investigación.

En segunda instancia, se solicitó a cada uno de los equipos directivos la realización de un trabajo escrito (domiciliario) con consignas vinculadas a las competencias institucionales y por áreas disciplinares (a elección) y causas de deserción escolar. En ambos casos, se solicitó adjuntar la documentación probatoria.

---

3 Cullen, C., *Críticas a las razones de educar*, Op. cit., pág. 89-90.

En tercera instancia, luego de haber sido analizados los materiales por el equipo de investigación, hubo una puesta en común de los trabajos realizados en la que cada directivo expuso las competencias seleccionadas y las causas de la deserción escolar de su institución, como así también su vinculación con la Educación Superior Universitaria. Esta instancia permitió profundizar sobre los significados que los actores les otorgaban a las competencias vinculadas no estrictamente con lo disciplinar.

En última instancia, y con el material sistematizado por el equipo de investigación, se comenzaron a realizar entrevistas individuales a los directivos. Estas entrevistas son complementadas con el soporte del Programa *Atlas. Ti.*

La investigación demuestra que, si bien las lógicas disciplinares son necesarias, no son suficientes; y que parte del "éxito o fracaso" del ingreso y permanencia de un alumno en la etapa de estudios superiores obedece también al haber adquirido otro tipo de conocimientos (conceptuales, actitudinales, habilidades) denominados también "competencias genéricas", que están más estrechamente vinculados a los aprendizajes realizados en las culturas institucionales que a las lógicas disciplinares.

En este escrito mostraremos algunas conclusiones provisorias a partir de los distintos análisis realizados.

1. La comprensión de las reglas de juego o "el rayado de cancha"

La capacidad de un estudiante para comprender las normas, reglas y leyes que demarcan un contexto es sustantiva a la hora de definir tránsitos y trayectos académicos exitosos. En este sentido, por comprender el contexto entendemos ubicar posiciones y jerarquías y, por lo tanto, genealogías de autoridad.

Sostiene un directivo:

> en esta escuela las reglas las ponemos nosotros. Los alumnos saben que no pueden hacer cualquier cosa y todos saben que la disciplina se plantea como un compromiso. Esto hace que la escuela sea muy valorada tanto por los alumnos como por las familias. Es una escuela con prestigio.

En esta frase se evidencia cómo el director visibiliza y comunica un orden que al estudiante le permite –o debería hacerlo– construir alternativas de acceso a la autoridad, evasiones a la autoridad, generar alianzas o estrategias a favor o en contra de la autoridad.

Traducido al espacio universitario, esta competencia gravita a la hora de establecer y definir algunas demandas con relación a los dispositivos académicos con que se encuentran los estudiantes (ejemplo: equipos de cátedra); asimismo, qué se le puede solicitar al titular, qué al jefe de trabajos prácticos, saber a quién y cómo solicitar prórrogas; es decir, el rayado de cancha da cuenta de una competencia necesaria que significa entender a los dispositivos académicos como construcciones sociales conformadas por posiciones ocupadas por actores determinados.

2. La problematización

Traducir una situación de enseñanza y aprendizaje en un problema despliega una competencia evaluativa del estudiante hacia el docente en el sentido de buscar herramientas, formas de acceso al conocimiento, metodologías.

Nuestro directivo afirma:

> ésto se vincula con la investigación de ustedes: creo que la disciplina es una herramienta, nosotros tenemos que dar herramientas y las damos, les pedimos a los alumnos que sepan por qué, para qué, qué me sirve lo que están aprendiendo. Esto hago en matemática, por ejemplo, que se posicionen ante un problema. Esto es un tema muy discutido entre los docentes.

En el ámbito académico, problematizar la realidad significa asumir un posicionamiento existencial básico, y se traduce en la capacidad de aprender a aprender, de posicionarse, de visualizar una problemática y no un contenido descontextualizado.

3. La comunicación

Del mismo modo, categorías vinculadas a la competencia comunicativa son visualizadas como determinantes en la permanencia en el ámbito de la Educación Superior; desplegar significados, interpretar las intencionalidades de los discursos de los otros, aparecen de manera recurrente en la voz de los directivos: *"también enfatizamos el trato con la gente, les decimos que los alumnos aquí están muy contenidos y que tienen que aprender a relacionarse con la gente".*

4. Competencia e interés.

La capacidad de generar ámbitos en los que los intereses personales y colectivos se vean representados.

Sostiene un directivo: *"para mí es muy importante el centro de estudiantes, este año tuvimos empate en las elecciones y fue muy importante cómo se discutieron las propuestas y las ideas."*

De esta manera, sin excluir los abordajes disciplinarios se abre el espacio de problematización mediante la incorporación de otros planos de análisis que, si bien no son desconocidos, no han ocupado lugares centrales en la discusión de la problemática de la articulación.

Esta distancia del objeto y, consecuentemente, de la forma en que ha sido tratado o construido es a lo que introduce esta problemática como pedagógica, ya que su tratamiento reduccionista genera profundos circuitos de exclusión.

Con relación a desnaturalizar la perspectiva de análisis, Bourdieu nos señala que

> la familiaridad con el universo social constituye el obstáculo epistemológico por excelencia para el sociólogo, porque produce continuamente concepciones o sistematizaciones ficticias, al mismo tiempo que sus condiciones de credibilidad[4].

Este señalamiento, además de abonar nuestra hipótesis con relación a la problemática de la articulación, pone el acento en que luego de tratar un tema o construir un objeto de la misma manera y por tanto tiempo, no sólo lo que se naturalizan son las condiciones de producción, sino también las condiciones de recepción o creencia en el mecanismo.

Por lo tanto, frases paradigmáticas como *"los alumnos no saben nada de matemática, no saben leer e interpretar consignas"* y otras operan como principios, no sólo de entendimiento de la práctica, sino también como

---

4 Bourdieu, P., *El oficio del sociólogo*, Siglo XXI, Buenos Aires, 1993, pág.29

principio de construcción de dispositivos montados sobre esta manera de entender – construir la realidad.

Algunas conclusiones y otras competencias en juego

En las voces de los directivos, la Universidad vista desde la escuela secundaria es *"otro mundo totalmente distinto"*; *"nada que ver una cosa con la otra"*, *"una vuelta de página"*; *"el paso de un lugar donde están contenidos, donde todos los conocen a un lugar donde se es un anónimo"*, *"un lugar en donde uno conoce la forma de proceder a un lugar donde uno no sabe cómo proceder"*.

En definitiva, parece que el tránsito entre un nivel y otro está pensado desde un lugar en el que se conocen las reglas de juego a otro espacio desconocido, y ese desconocimiento de escenario gravita en definir un tránsito con éxito o fracaso.

Además de ingresar esta discusión *ad intra* el equipo de investigación de manera dilemática, también se introduce como competencia básica –no disciplinar–, la que está vinculada con la competencia de formarse en contextos innovadores, es decir, en contextos donde las respuestas no se encuentren de antemano sino que den cuenta de la participación activa de los sujetos en la construcción de las mismas. Dicho de otra manera, contextos formativos no tan "escolarizados" (naturalizados), sino espacios en los que lo escolar pase por puestas en acto del ejercicio de opciones por parte del sujeto; opciones referidas tanto a los espacios curriculares como al uso responsable del tiempo.

En este sentido, este tipo de competencias son susceptibles de ser traducidas como desafíos pedagógicos en las instituciones educativas; desafíos que no sólo acontecen en las aulas mediante los procesos de enseñanza y aprendizaje disciplinares, sino también, y entendemos en igual medida, en la construcción de culturas escolares innovadoras, que entiendan al futuro como una construcción colectiva e incierta demandante de sujetos con visión prospectiva y, por ende, estratégica.

Esta investigación ha demostrado que las culturas institucionales generarán competencias genéricas, no sólo disciplinares, y que aquellas inciden en tránsitos hacia la Educación Superior. Entendemos que esta problemática despliega otros sentidos en torno al lugar de la Escuela

Media con relación a la Educación Superior y a la articulación entre los niveles del sistema educativo.

Creemos que los resultados de esta investigación otorgan al campo pedagógico categorías para pensar los sistemas de admisión en el marco de una política pública de inclusión.

Bibliografía básica de referencia

Bambozzi, Enrique, Vadori, Gloria y otros, *Gestión pedagógica en la provincia de Córdoba: aportes desde la investigación educativa*, Publicaciones del IAPCH de la Universidad Nacional de Villa María, El Copista, Córdoba, 2008.

Bambozzi, Enrique; Calneggia, María Isabel y otros, "Educación Superior Universitaria, Escuela Media y Trabajo por competencias: aportes desde la investigación educativa", en Vitarelli, M y Tessio, A (comp.), *Juventud y Educación. Aportes de la investigación y perspectivas de acción*, Capítulo 5, EDUCC, Córdoba, 2009, pags. 133-146.

Bourdieu, Pierre, *El oficio del sociólogo*, Siglo XXI, Buenos Aires, 1993.

Calneggia, María Isabel, "Esa nueva Babel. Los giros de la teoría socioeducativa en la modernidad y los desafíos de la institución escolar ante los jóvenes del siglo XXI", en Vitarelli, M y Tessio, A (comp.), *Juventud y Educación. Aportes de la investigación y perspectivas de acción*, Capítulo 8, EDUCC, Córdoba, 2009, pags. 215-239.

Cullen, Carlos, "Crítica de la razones de educar", *Temas de la Educación*, Paidós Buenos Aires, 1997.

Rial Sánchez, Antonio, *Diseño curricular por competencias: el reto de la evaluación*, Universidad de Santiago, España, 2006.

Tejada, José, "El trabajo por competencias en el practicum: cómo organizarlo y cómo evaluarlo", en *Revista Electrónica de Investigación Educativa*, N° 7 (2), 2005.

Vadori, Gloria, *Articulación entre el nivel medio y el nivel superior universitario: un espacio para interrogar e interrogarnos*, en Magallanes, Graciela y Melano, Silvia (comp.), *Escuela Media y Universidad*, Universidad Nacional de Villa María- Publicación de la UNVM, 2001.

Vadori, Gloria, "¿Es posible enseñar lo que no se aprendió?", en *Educación General Básica. Los contenidos de la Enseñanza. Aportes para el debate metodológico y el análisis institucional*, Edic. Nov. Educativas, Bs. As., 1995.

Zalba, Estela y Gutiérrez, Beatriz, *Una aproximación a la educación basada en competencias en la educación superior*, Documento de Trabajo de la Universidad Nacional de Cuyo, 2006.

Segunda Parte

Competencias genéricas y las voces de los directivos

Introducción

Esta investigación, iniciada en el año 2008, se va reconstruyendo en un proceso dialéctico entre los datos recogidos y las conceptualizaciones teóricas, en nuestro trabajo con los directivos del Nivel Medio; trabajo iniciado desde la Universidad pero que reconoce y legitima también el esfuerzo de colaboración logrado entre ambos niveles educativos, en los aportes teórico-prácticos y en los aprendizajes que hemos capitalizado en el trabajo conjunto.

Desde los presupuestos epistemológicos de un paradigma interpretativo, entendemos la necesidad de comprender el sentido de la acción social de las instituciones, en este caso la escuela, desde las perspectivas de sus protagonistas. En esta investigación damos espacio a la voz de los docentes, no sólo para saber qué dicen, sino convencidos de que, en esas voces autorizadas se entretejen conocimientos, saberes, representaciones, emociones; en síntesis, múltiples comprensiones individuales o colectivas de la complejidad de aquello que acontece cotidianamente en las escuelas, en determinadas condiciones sociales, históricas e institucionales.

Dichas voces orientan, implícita o explícitamente, hacia "un hacer", aquello que se hace, se hizo o debería hacerse, dando visibilidad a aspectos de la práctica y a las teorías implícitas de los docentes que orientan dicha práctica.

Esta búsqueda de las voces de los maestros se sostiene en el supuesto de *"que es posible crear, que hay un poder capaz de superar todo determinismo"*[1]; que es necesario y válido operar sobre lo que acontece en nuestra escuelas para crear y recrear nuevas posibilidades frente a las problemáticas actuales. Proceso éste que debe tener al docente como protagonista, a

---

1 GARAY, L., *La intervención institucional es una práctica analítica*, Mimeo, 2009.

partir de su reflexión, su reconceptualización acerca de su quehacer, sus conocimientos, sus teorías.

Algunas conclusiones provisorias van nutriendo el análisis

1. Los obstáculos y posibilidades que inciden el desarrollo de competencias genéricas en el Nivel Medio

Los directivos reconocen la importancia del desarrollo de competencias genéricas en el Nivel Medio. Señalan que es un proceso que se nutre en las múltiples tareas que se realizan. Reconocen que forman parte de los objetivos educativos inscriptos en los proyectos del Nivel; pero, al mismo tiempo, señalan dificultades para alcanzar los propósitos planteados.

Desde la perspectiva de los directivos se plantean obstáculos en el logro de competencias genéricas por parte de los estudiantes que hacen referencia a la existencia de cambios profundos en el hacer de la escuela, a nivel de los valores y de las significaciones del mundo y de la vida.

Se interpreta que desde los instituyentes sociales, otras situaciones y acuerdos han avanzado sobre aquellos que se consideraban válidos y necesarios para educar, y han incidido en las instituciones educativas generando incertidumbre y discontinuidades. Expresan los directivos:

> El contexto socio cultural desvaloriza a la educación como medio de realización social o movilidad social.

> Nos hallamos con profundas desigualdades sociales que impactan directamente en las trayectorias culturales y por ende escolares de las familias y de los alumnos. Los puntos de partidas, estrategias de vida, capitales sociales, económicos y culturales, expectativas, etc., son totalmente diferenciados y al momento de la escolarización se materializan en trayectos escolares que de alguna manera reproducen la historia familiar.

> Desinterés del alumnado por seguir en la escuela.

> Abandono de la escuela por parte de las familias; muy pocas se acercan a la institución para interiorizarse por el rendimiento académico de sus hijos.

Abandono. Temprana inserción de los jóvenes en el mundo laboral; desinterés o desconocimiento de las posibilidades que ofrece la educación, ya que en las industrias del medio, la titulación del nivel secundario no es necesaria para acceder a un puesto de trabajo.

Cuesta mucho establecer las reglas del juego en la escuela media.

Si el alumno queda libre por faltas, justificados o no, tiene derecho a pedir la reincorporación de excepción, la cual fue otorgada a alumnos con más de 50 faltas y la mayoría injustificadas.

Hay un uniforme que deberían usar, pero no se puede exigir en escuelas públicas.

Hoy el alumno hace la prueba preguntando cuándo será el recuperatorio, lo que evidencia la falta de estudio y compromiso en su propio proceso de aprendizaje. La ley del menor esfuerzo es el común denominador.

Se señalan que aún cumpliendo los límites de sanciones y habiendo realizado:

reuniones con el alumno primero, con la familia después, actas de compromiso familia-alumno-escuela, compromiso con la señora Inspectora, convocatoria a un claustro docente cuya decisión sólo tendrá validez si se logra la mayoría absoluta. Y a pesar de haber seguido todos los pasos requeridos por el Ministerio, si la familia del alumno busca el amparo de la Jueza de Menores o de un abogado que lo defienda en una instancia superior, el alumno puede llegar a sentarse nuevamente en la escuela por el derecho que le acoge de recibir educación.

Los directivos parecen asistir a la descontrucción de categorías que tradicionalmente servían de basamento al proceso educativo, se debilitan otras categorías como la toma de decisiones del equipo docente y directivo, el vínculo escuela – familia, la relación escuela – sociedad, entre otras. Se instalan en la escuela problemas que hacen a dimensiones culturales, sociales, económicas, legales. El desarrollo de competencias genéricas hace su anclaje en estas problemáticas y la tarea se evalúa como dificultosa.

A pesar de los obstáculos planteados, los directivos afirman que todos los proyectos institucionales contemplan el logro de competencias genéricas. Reconocen, en este sentido, la importancia de los proyectos educativos tales como centros de estudiantes, "Un trato por el buen trato", "Mercosur joven", "Un minuto por nuestros derechos"; participación en el Consejo Deliberante Estudiantil, en el Centro de estudiantes secundarios; organización de micro emprendimientos, pasantías, viajes de estudio; participación en eventos comunitarios tales como campañas de vacunación, jornadas para niños con capacidades diferentes, entre otras. Se hace referencia, en términos generarles, a que dichas actividades contribuyen al desarrollo de las competencias genéricas de los estudiantes; no se mencionan estrategias de aprendizajes específicas en este sentido.

2. Las competencias genéricas y la problemática de la articulación entre niveles

Pensar la articulación entre los niveles es pensar desde la unidad de propósitos que orientan un proceso educativo y, al mismo tiempo, desde los aportes diversos y siempre enriquecedores que se pueden realizar al transitar y vivenciar las experiencias en todos los niveles.

El desarrollo de las competencias genéricas compromete para los directivos el tema de la articulación de niveles. *Desarrollo de competencias genéricas de los estudiantes y articulación de niveles* son dos conceptos que aparecen casi simultáneamente en las expresiones de los directivos, ya sea para evidenciar carencias, para delimitar responsabilidades, o bien para proyectar alternativas futuras. Y esto es así porque el tema preocupa y surge cada vez que se piensa que las competencias genéricas son sustantivas en los procesos educación, en la acción pedagógica en términos de humanización, de autonomía personal, y de valoración de la dignidad de la persona; y que dichos procesos deben ser sostenidos a lo largo de toda las escolaridad, más allá del nivel de que se trate.

Al hablar de las competencias genéricas no logradas surge como obstáculo la falta de relación entre los niveles para la consecución del mismo objetivo.

a) La problemática se expresa en términos de diferencias de criterios, objetivos o estrategias en distintos niveles:

"No vale cargar todas las tintas sobre la escuela secundaria (…) Además, la universidad no se hace cargo de sus errores. La expresión "no vale" parece

dar cuenta metafóricamente de un juego en el que algunos no cumplen las reglas.

> Atendemos desde nuestro lugar a la diversidad, en el Nivel Superior eso no es lo medular.

> Observamos en 1er año de Nivel Medio que los alumnos arrastran deficiencia en su formación, lo cual dificulta su preparación.

> No puede desconocerse la brecha entre los dos niveles (haciendo referencia al Nivel Medio y a la Universidad).

> La falta de un compromiso conjunto entre el Nivel Medio y la Universidad para revertir la problemática existente.

b) También aparecen propuestas de articulación a partir de analizar estrategias empleadas que no se evalúan como adecuadas.

> Frente a esta problemática a la que se enfrentan los dos niveles, deben existir propuestas que no sean transitorias, sino, por el contrario, que permanezcan en el tiempo y logren resultados optimistas.

c) Otras opiniones intentan construir propuestas en las que la articulación pueda ayudar al trabajo conjunto con distintos propósitos, entre ellos, el logro de competencias genéricas.

> Revertir desde la escuela [referida a la Escuela Media] solamente resulta insuficiente, pero sin duda que es necesaria la reflexión hacia el interior de cada nivel para repensarse y articulares con los otros niveles (...) que permitan la inclusión educativa.

> También sería importante la construcción y el afianzamiento de vínculos interinstitucionales que conduzcan a la innovación de la práctica docente en ambos niveles mediante espacios de reflexión y análisis para identificar las dificultades de aprendizaje del Nivel Medio que impactan en la adaptación de la vida universitaria.

> Es urgente articular política comunes.

> Habría que trabajar ese punto en particular con el fin de lograr una mayor articulación entre ambos niveles (haciendo referencia a la Universidad y al Nivel Medio).

> Como primera instancia se debería iniciar una reflexión conjunta entre las instituciones del Nivel Medio y la Universidad.

Las tutorías (como propuesta) para abortar la fractura existente entre la finalización del Nivel Medio y el ingreso a la Universidad.

Estas opiniones enfatizan la confianza en el trabajo compartido de las instituciones como posibilidad.

> La confianza está orientada a la capacidad configurante del pensamiento (...) es necesario confiar en la potencia del pensamiento con otros (...) la confianza no funciona sobre un terreno de jerarquías previamente establecidas sino de diferencias onstruidas en torno a un proyecto común[2].

Lo que nos lleva a afirmar que están presentes, en las opiniones de los directivos, los conflictos de la articulación de niveles y al mismo tiempo la confianza en la búsqueda del potencial del trabajo compartido, para construir proyectos entre los niveles y específicamente en el desarrollo de competencias genéricas.

3. El desarrollo de competencias genéricas ¿como cuestión de presente o de futuro?

Nuestro discurso escolar se ha nutrido de algunos supuestos básicos:

"La escuela forma a los hombres del mañana (...) El mañana da sentido a la experiencia escolar, educamos para el mañana"[3].

En los proyectos institucionales del Nivel Medio el desarrollo de competencias genéricas se abre como una posibilidad que dará sus frutos o podrá apreciarse en un futuro; las competencias genéricas suelen pensarse plasmadas en un tiempo futuro:

"Preparar para estudios superiores".

"El Proyecto Institucional propone un Ciclo de Especialización que abre espacios para la continuación de estudios superiores".

Ante estas afirmaciones tal vez tengamos que analizar la pertinencia de tales enunciados, ya que pueden tener también su contrapartida si los logros de un nivel se diluyen en futuros inciertos. Si en lugar de problematizar situaciones, dispersamos problemas, el logro de competencias genéricas

---

2 Corea, C. y Lewkowicz, I., *Pedagogía del aburrido*, Buenos Aires, Paidós, 2005, pág.80.
3 Ibidem, pág. 65.

podría quedar en los vacíos institucionales, nichos, tal vez, donde se deposita lo incierto, sin saber quién lo afronta y cómo se resuelve. El desarrollo de las competencias genéricas parece oscilar entre un presente y un futuro.

Al mismo tiempo se afirma:

(…) *No olvidemos el desconcierto con que los adolescentes ingresan al Nivel Superior, desconocen el mundo universitario".*

Las afirmaciones precedentes nos llevan a preguntarnos qué se entiende al decir *"abre espacios para la continuación de estudios superiores"*, o bien si el *"desconocimiento del mundo universitario"* se plantea como un obstáculo, ¿cómo puede revertirse? ¿A qué institución le compete revertirlo? Y volvemos al tema de la relación entre niveles.

Algunas palabras para concluir

Las escuelas y sus equipos directivos están acuciadas por las demandas sociales que inciden en la escuela. El esfuerzo y la atención recaen en lo inmediato, lo urgente, aquello que permita ir guiando el quehacer de las instituciones sin naufragar. El desarrollo de competencias genéricas se reconoce importante, pero se señalan los obstáculos en su concreción. Se piensa que algunas actividades ya instituidas en las escuelas contribuyen a lograr tales competencias.

Se reconoce que el desarrollo de competencias genéricas en los estudiantes requiere la articulación entre los distintos niveles educativos, ya que es un propósito presente en todas y cada una de las instancias del proceso educativo. Sin embargo, dicha articulación aparece como una deuda siempre pendiente.

La tarea del directivo depende de las funciones que en cada momento histórico se le asignan a la escuela. Se evidencia, por parte de los directivos, la toma de conciencia de la enorme complejidad de los problemas que debe afrontar la escuela ante los profundos cambios sociales. En este sentido, reconocen que la educación está siempre configurándose, y que exige que la tarea pedagógica comprometa todas su dimensiones, sin renunciar a ninguna de ellas, ni al carácter profesional de la ocupación del directivo como educador, ni al alcance social y político de dirigir instituciones; ni mucho menos, a la dimensión ética que debe sustentarla. Se entiende que el desarrollo de competencias genéricas en los estudiantes involucra todas las dimensiones mencionadas y pone a la escuela en un punto de tensión, y a la acción pedagógica en un desafío que no siempre es posible afrontar ni resolver favorablemente.

Los directivos advierten que la desigualdad social y la crisis en valores, presentes en la sociedad, junto a las nuevas demandas sociales, hacen que el desarrollo de competencias genéricas en los estudiantes se constituya como necesidad, pero también como un problema.

Conclusiones

Finalizada la investigación y la producción de este escrito, el equipo entiende que se han cumplido con todos los objetivos propuestos, como así también que se abren nuevas perspectivas de trabajo.

Algunos de nuestros logros podemos sintetizarlos de esta manera:

- Se identificaron competencias genéricas en las culturas institucionales de las Escuelas Medias a través de las voces de los directivos;

- Se realizaron jornadas de extensión con directivos de Escuelas Medias de la región con el objetivo de discutir los resultados de la investigación, dando cuenta de la aceptación de esta problemática;

- Se discutieron estos resultados en eventos científicos y se tradujeron algunos de los resultados en publicaciones con referato, lo que nos permitió compartir y discutir nuestras producciones con colegas de otros espacios académicos, dando cuenta de la dimensión contextual y relacional de toda investigación.

Con relación a nuevas perspectivas:

- Nuestra investigación abre nuevos horizontes para seguir profundizando la articulación entre la Universidad y la Escuela Media;

- Con relación a la formación de competencias democráticas, éste es un tema que comenzaremos a indagar debido a que no sólo es un área de vacancia, sino que hemos identificado algunas culturas institucionales en las que el grado de vinculación de los actores con las normas da cuenta de la necesidad de identificar y promover prácticas y experiencias en este sentido.

Entendemos que los resultados de esta investigación, como sostuvimos en la fundamentación, contribuyen a la consolidación de una política pública de inclusión y abren posibilidades concretas para una mejor democratización de los saberes a través del decir de los propios actores.

Asimismo, ha sido nuestra intención construir un discurso habilitador de nuevas posibilidades y no de denuncias aisladas. Estamos comprometidos, no sólo con la reflexión, sino también con la acción, con la praxis.

En la voz de los directivos sigue siendo necesario mejorar los canales de articulación con la Educación Superior, y también con los espacios laborales.

Antes de entregar el escrito a la Editorial de la Universidad Nacional de Villa María pudimos compartir las ideas aquí expresadas en el marco del Congreso desarrollado en la Universidad Nacional de Córdoba denominado "La Universidad como objeto de investigación" (Noviembre de 2009). En este ámbito académico nuestra producción dialogó con otros equipos de investigadores, no sólo de universidades nacionales, sino también de Brasil, México, Bolivia y Paraguay, que se encuentran abocados a la misma problemática. Pudimos constatar, a través de las preguntas y el debate suscitado, que estamos trabajando una problemática central en la agenda de la Educación Superior y que, aunque con aportes aún pequeños, estamos dando respuestas pertinentes para nuestro contexto. Esto nos anima a seguir trabajando.

Entendemos, como cierre, que una política educativa se construye desde la generación de más y mejores espacios de inclusión. Estos espacios se construyen cuando los especialistas hacen hablar a los actores sin yuxtaponer sus voces.

Esperamos que los caminos que emprenderá este escrito posibiliten recuperar las voces de tantos otros que "hacen educación" todos los días.

Bibliografía General

Bambozzi, Enrique, *Escritos Pedagógicos*, Editorial El Copista, Córdoba, 2005.

Bambozzi, Enrique, Vadori, Gloria y otros, *Gestión pedagógica en la provincia de Córdoba: aportes desde la investigación educativa*, El Copista (Publicaciones del IAPCH de la Universidad Nacional de Villa María), Córdoba, 2008.

Bambozzi, Enrique; Calneggia, María Isabel y otros, "Educación Superior Universitaria, Escuela Media y Trabajo por competencias: aportes desde la investigación educativa", en Vitarelli, M y Tessio, A (comp.), *Juventud y Educación. Aportes de la investigación y perspectivas de acción*, Capítulo 5, EDUCC, Córdoba, 2009 págs. 133-146.

Bourdieu, Pierre, *El oficio del sociólogo*, Siglo XXI, Buenos Aires, 1993.

Calneggia, María Isabel, "Esa nueva Babel. Los giros de la teoría socioeducativa en la modernidad y los desafíos de la institución escolar ante los jóvenes del siglo XXI", en Vitarelli, M y Tessio, A (comp.), *Juventud y Educación. Aportes de la investigación y perspectivas de acción*, Capítulo 8, EDUCC, Córdoba, 2009, págs. 215-239.

Cullen, Carlos, *Crítica de la razones de educar*, Temas de la Educación, Paidós, Buenos Aires, 1997.

Corea, Cristina; Lewkowicz, Ignacio, *Pedagogía del aburrido*, Paidós, Buenos Aires, 2005.

Rial Sánchez, Antonio, *Diseño curricular por competencias: el reto de la evaluación*, Universidad de Santiago, España, 2006.

Tejada, José, "El trabajo por competencias en el prácticum: cómo organizarlo y cómo evaluarlo", en *Revista Electrónica de Investigación Educativa*, Nº 7 (2), 2005.

Vadori, Gloria, "Articulación entre el nivel medio y el nivel superior universitario: un espacio para interrogar e interrogarnos", en Magallanes,

Graciela y Melano, Silvia (comp.), *Escuela Media y Universidad*, Universidad Nacional de Villa María- Publicación de la UNVM, 2001.

Vadori, Gloria, *¿Es posible enseñar lo que no se aprendió?, en Educación General Básica. Los contenidos de la Enseñanza. Aportes para el debate metodológico y el análisis institucional*, Edic. Nov. Educativas, Bs. As., 1995.

Zalba, Estela y Gutiérrez, Beatriz, *Una aproximación a la educación basada en competencias en la educación superior*, Documento de Trabajo de la Universidad Nacional de Cuyo, 2006.

i want morebooks!

Buy your books fast and straightforward online - at one of world's fastest growing online book stores! Free-of-charge shipping and environmentally sound due to Print-on-Demand technologies.

Buy your books online at
www.get-morebooks.com

¡Compre sus libros rápido y directo en internet – en una de las librerías en línea con más crecimiento acelerado en el mundo! Envío sin cargo y producción que protege el medio ambiente a través de las tecnologías de impresión bajo demanda.

Compre sus libros online en
www.morebooks.es

VDM Verlagsservicegesellschaft mbH
Dudweiler Landstr. 99   Telefon: +49 681 3720 174   info@vdm-vsg.de
D - 66123 Saarbrücken   Telefax: +49 681 3720 1749   www.vdm-vsg.de

Printed by Books on Demand GmbH, Norderstedt / Germany